谷口《たにぐち》雅春《まさはる》先生《せんせい》のおしえ

親《おや》と子《こ》の祈《いの》り

谷口雅春先生を学ぶ会本部編著

〈保護者《ほごしゃ》の皆様《みなさま》へ〉

この『親《おや》と子《こ》の祈《いの》り』は、親《おや》と子《こ》が一緒《いっしょ》になってお祈《いの》りをして、子供《こども》たちの心《こころ》に「人間《にんげん》は〝神《かみ》の子《こ》〟の尊《とうと》いいのちである」という自覚《じかく》をめばえさせ、子供《こども》たちが学校《がっこう》や家庭《かてい》で、明《あか》るく喜《よろこ》びに満《み》ちた生活《せいかつ》を送《おく》ってほしいという願《ねが》いからつくられています。

そのため、子供《こども》たちがみずから唱《とな》えられるよう、谷口雅春先生《たにぐちまさはるせんせい》のお祈《いの》りのことばを基《もと》にした「お祈《いの》り」とともに、親御《おやご》さんと一緒《いっしょ》に行《おこな》っていただく「招神歌《かみよびうた》」「光明思念《こうみょうしねん》の歌《うた》」「大調和《だいちょうわ》の神示《しんじ》」聖経《せいきょう》「甘露《かんろ》の法《ほう》雨《う》」(「神《かみ》」「人間《にんげん》」の項《こう》のみ)ものせています。

毎日《まいにち》の生活《せいかつ》のなかでお子《こ》さんと一緒《いっしょ》にお祈《いの》りを実修《じっしゅう》していただけると、子供《こども》たちがそれぞれのすばらしい個性《こせい》をのばし、日本《にっぽん》と世界《せかい》のお役《やく》に立《た》つ、より幸《しあわ》せな人生《じんせい》が開《ひら》かれることと思《おも》います。

〈子供《こども》の皆《みな》さんへ〉

わたしたちの内《うち》には、誰《だれ》にでもすばらしい〝神様《かみさま》の無限《むげん》の力《ちから》〟がやどっています。だから人間《にんげん》は〝神《かみ》の子《こ》〟なのです。その〝神《かみ》様《さま》の無限《むげん》の力《ちから》〟は「ことば」によって出《で》てきます。

この『親《おや》と子《こ》の祈《いの》り』にあるお祈《いの》りのことばを、くりかえし心《こころ》の中《なか》で唱《とな》えたり、声《こえ》に出《だ》して唱《とな》えれば、〝神様《かみさま》の無限《むげん》の力《ちから》〟がどんどん出《で》てきて勉強《べんきょう》やスポーツがよくできるようになり、友《とも》だちとも仲《なか》よくすることができます。

毎日《まいにち》、このお祈《いの》りを唱《とな》えて、〝神《かみ》の子《こ》〟として明《あか》るく元気《げんき》にすごしましょう。

谷口雅春先生《たにぐちまさはるせんせい》のおしえ　親《おや》と子《こ》の祈《いの》り　もくじ

保護者《ほごしゃ》の皆様《みなさま》へ……2
子供《こども》の皆《みな》さんへ……4
招神歌《かみよびうた》……8
光明思念《こうみょうしねん》の歌《うた》……9
大調和《だいちょうわ》の神示《しんじ》……10
聖経甘露《せいきょうかんろ》の法雨《ほうう》……15
大切《たいせつ》な三《みっ》つのお祈《いの》り
・神《かみ》の子《こ》無限力《むげんりょく》をよびだすお祈《いの》り……56
・喜《よろこ》びがわいてくるお祈《いの》り……57
・使命《しめい》をもって生《い》きるお祈《いの》り……58
一日《いちにち》の神《かみ》の子《こ》のお祈《いの》り
・朝起《あさお》きたときのお祈《いの》り……60
・食事《しょくじ》のときのお祈《いの》り……61
・授業《じゅぎょう》が始《はじ》まる前《まえ》のお祈《いの》り……62

・家《いえ》で勉強《べんきょう》するときのお祈《いの》り……63
・夜《よる》寝《ね》る前《まえ》のお祈《いの》り……64

一週間《いっしゅうかん》の神《かみ》の子《こ》のお祈《いの》り

・月曜日《げつようび》　毎日《まいにち》が楽《たの》しくなるお祈《いの》り……66
・火曜日《かようび》　成績《せいせき》がよくなるお祈《いの》り……68
・水曜日《すいようび》　劣等感《れっとうかん》をなくすお祈《いの》り……70
・木曜日《もくようび》　勇気《ゆうき》がわきでるお祈《いの》り……72
・金曜日《きんようび》　人《ひと》に深切《しんせつ》をするお祈《いの》り……74
・土曜日《どようび》　夢《ゆめ》や希望《きぼう》がかなうお祈《いの》り……76
・日曜日《にちようび》　お父《とう》さん・お母《かあ》さんに感謝《かんしゃ》するお祈《いの》り……78

すこやかに伸《の》びる神《かみ》の子《こ》のお祈《いの》り

・先生《せんせい》に感謝《かんしゃ》するお祈《いの》り……82
・友《とも》だちと仲《なか》よくなるお祈《いの》り……83
・スポーツがよくできるお祈《いの》り……84
・健康《けんこう》になるお祈《いの》り……85
・悩《なや》みが解決《かいけつ》するお祈《いの》り……86
・日本《にっぽん》に生《う》まれたことを喜《よろこ》ぶお祈《いの》り……87

お祈《いの》りのときの正《ただ》しい姿勢《しせい》……89

谷口雅春先生《たにぐちまさはるせんせい》のご紹介《しょうかい》……94

招《かみ》神《よび》歌《うた》

生《い》きとし生《い》けるものを生《い》かし給《たま》える御《み》祖神元《おやがみもと》津霊《つみたま》ゆ幸《さきは》え給《たま》え。

吾《わ》が生《い》くるは吾《わ》が力《ちから》ならず、天地《あめつち》を貫《つらぬ》きて生《い》くる祖神《みおや》の生命《いのち》。

吾《わ》が業《わざ》は吾《わ》が為《な》すにあらず、天地《あめつち》を貫《つらぬ》きて生《い》くる祖神《みおや》の権能《ちから》。

天地《あめつち》の祖神《みおや》の道《みち》を伝《つた》えんと顕《あ》れましし生長《せいちょう》の家大神《いえのおおかみ》守《まも》りませ。

光明思念《こうみょうしねん》の歌《うた》

お祈《いの》りの最後《さいご》には、自分自身《じぶんじしん》が神様《かみさま》のいのちにつつまれているようすを思《おも》いうかべながら、心《こころ》を清《きよ》らかにして次《つぎ》のように唱《とな》えます。

天照《あまてら》す御親《みおや》の神《かみ》の大調和《みすまる》の生命《いのち》射照《いてら》し宇宙《くに》静《しず》かなり

この光明思念《こうみょうしねん》の歌《うた》を二回《にかい》くり返《かえ》し、神様《かみさま》と自分《じぶん》のいのちがひとつになっている思《おも》いで祈《いの》りを終《お》えます。

大調和《だいちょうわ》の神示《しんじ》

汝《なんじ》ら天地《てんち》一切《いっさい》のものと和解《わかい》せよ。天地《てんち》一切《いっさい》のものとの和解《わかい》が成立《せいりつ》するとき、天地《てんち》一切《いっさい》のものは汝《なんじ》の味方《みかた》である。天地《てんち》一切《いっさい》のものが汝《なんじ》の味方《みかた》となるとき、天地《てんち》の万物《ばんぶつ》何物《なにもの》も汝《なんじ》を害《がい》することは出来《でき》ぬ。汝《なんじ》が何物《なにもの》かに傷《きず》つけられたり、黴菌《ばいきん》や悪霊《あくれい》に冒《おか》されたりするのは汝《なんじ》が天地《てんち》一切《いっさい》のものと和解《わかい》していない証拠《しょうこ》であるから省《かえり》みて和解《わかい》せよ。われ嘗《かつ》て神《かみ》の祭壇《さいだん》の前《まえ》に供《そな》え物《もの》を献《ささ》ぐるとき先《ま》ず汝《なんじ》の兄弟《きょうだい》と和《わ》せよと教《おし》えたのはこの意味《いみ》である。汝《なんじ》らの兄《きょう》弟《だい》のうち最《もっと》も大《だい》なる者《もの》は汝《なんじ》らの父母《ちちはは》である。神《かみ》に感謝《かんしゃ》しても父母《ちちはは》に感謝《かんしゃ》し得《え》ない者《もの》は神《かみ》の心《こころ》にかなわぬ。天地万物《てんちばんぶつ》と和解《わかい》せよとは、天地万物《てんちばんぶつ》に感《かん》謝《しゃ》せよとの意味《いみ》である。本当《ほんとう》の和解《わかい》は互《たが》いに怺《こら》え合《あ》ったり、我慢《がまん》し合《あ》ったりするのでは得《え》られぬ。怺《こら》えたり我慢《がまん》しているのでは心《こころ》の奥底《おくそこ》で和解《わかい》していぬ。感謝《かんしゃ》し合《あ》ったとき本当《ほんとう》の和解《わかい》が成立《せいりつ》する。神《かみ》に感謝《かんしゃ》しても天地万物《てんちばんぶつ》に感謝《かんしゃ》せぬものは天地万《てんちばん》物《ぶつ》と和解《わかい》が成立《せいりつ》せぬ。天地万物《てんちばんぶつ》との和解《わかい》が成立《せいりつ》せねば、神《かみ》は助《たす》けとうても、争《あらそ》いの念波《ねんぱ》は神《かみ》の救《すく》いの念波《ねんぱ》を能《よ》う受《う》けぬ。皇恩《こうおん》に感謝《かんしゃ》せよ。汝《なんじ》の父母《ちちはは》に感謝《かんしゃ》せよ。汝《なんじ》の夫《おっと》又《また》は妻《つま》に感謝《かんしゃ》せよ。汝《なんじ》の子《こ》に感謝《かんしゃ》せよ。汝《なんじ》の召使《めしつかい》に感謝《かんしゃ》せよ。一切《いっさい》の人々《ひとびと》に感謝《かんしゃ》せよ。天地《てんち》の万物《すべてのもの》に感謝《かんしゃ》せよ。その感謝《かんしゃ》の念《ねん》の中《うち》にこそ汝《なんじ》はわが姿《すがた》を見《み》、わが救《すくい》を受《う》けるであろう。われは全《すべ》ての総《すべ》てであるからすべてと和解《わかい》したものの中《なか》にのみわれはいる。われは此処《ここ》に見《み》よ、彼処《かしこ》に見《み》よと云《い》うが如《ごと》くにはいないのである。だからわれは霊媒《れいばい》には憑《かか》らぬ。神《かみ》を霊媒《れいばい》に招《よ》んでみて神《かみ》が来《く》ると思《おも》ってはならぬ。われを招《よ》ばんとすれば天地《てんち》すべてのものと和解《わかい》してわれを招《よ》べ。われは愛《あい》であるから、汝《なんじ》が天地《てんち》すべてのものと和解《わかい》したとき其処《そこ》にわれは顕《あらわ》れる。

（昭和六年九月二十七日夜神示）

聖経《せいきょう》 甘露《かんろ》の法雨《ほうう》

神《かみ》

或《あ》る日天《ひてんの》使《つかい》生《せい》長《ちょう》の家《いえ》に来《きた》りて歌《うた》い給《たま》う――

創造《そうぞう》の神《かみ》は

五感《ごかん》を超越《ちょうえつ》している、

六感《ろっかん》も超越《ちょうえつ》している、
聖《せい》
至上《しじょう》
無限《むげん》
宇宙《うちゅう》を貫《つらぬ》く心《こころ》
宇宙《うちゅう》を貫《つらぬ》く生命《せいめい》
宇宙《うちゅう》を貫《つらぬ》く法則《ほうそく》

真理《しんり》
光明《こうみょう》
智慧《ちえ》
絶対《ぜったい》の愛《あい》。
これらは大生命《だいせいめい》――
絶対《ぜったい》の神《かみ》の真性《しんせい》にして
神《かみ》があらわるれば乃《すなわ》ち

善《ぜん》となり、
義《ぎ》となり、
慈悲《じひ》となり、
調和《ちょうわ》おのずから備《そな》わり、
一切《いっさい》の生物《せいぶつ》処《ところ》を得《え》て争《あらそ》うものなく、
相食《あいは》むものなく、
病《や》むものなく、

苦《くる》しむものなく、
乏《とぼ》しきものなし。

神《かみ》こそ渾《すべ》ての渾《すべ》て、
神《かみ》は渾《すべ》てにましまして絶対《ぜったい》なるが故《ゆえ》に、
神《かみ》の外《そと》にあるものなし。
神《かみ》は実在《じつざい》のすべてを蔽《おお》う。

存在《そんざい》するものにして
神《かみ》によって造《つく》られざるものなし。

神《かみ》が一切《いっさい》のものを造《つく》りたまうや
粘土《ねんど》を用《もち》い給《たま》わず、
木材《もくざい》を用《もち》い給《たま》わず、
槌《つち》を用《もち》いたまわず、

鑿《のみ》を用《もち》いたまわず、
如何《いか》なる道具《どうぐ》も材料《ざいりょう》も用《もち》い給《たま》わず、
ただ『心《こころ》』をもって造《つく》りたまう。
『心《こころ》』はすべての造《つく》り主《ぬし》、
『心《こころ》』は宇宙《うちゅう》に満《み》つる実質《じっしつ》、
『心《こころ》』こそ『全能《ぜんのう》』の神《かみ》にして遍在《へんざい》したまう。

この全能《ぜんのう》なる神《かみ》、
完全《かんぜん》なる神《かみ》の
『心《こころ》』動《うご》き出《い》でてコトバとなれば
一切《いっさい》の現象展開《げんしょうてんかい》して万物成《ばんぶつな》る。
万物《ばんぶつ》はこれ神《かみ》の心《こころ》、
万物《ばんぶつ》はこれ神《かみ》のコトバ、
すべてはこれ霊《れい》、

すべてはこれ心《こころ》、
物質《ぶっしつ》にて成《な》るもの一《ひと》つもなし。
物質《ぶっしつ》はただ心《こころ》の影《かげ》、
影《かげ》を見《み》て実在《じつざい》と見《み》るものはこれ迷《まよい》。
汝《なんじ》ら心《こころ》して迷《まよい》に捉《とら》わるること勿《なか》れ。

汝《なんじ》ら『実在《じつざい》』は永遠《えいえん》にして滅《ほろ》ぶることなし。

『迷《まよい》』は須臾《しゅゆ》にして忽《たちま》ち破摧《はさい》す。
『実在《じつざい》』は自在《じざい》にして苦悩《くるしみ》なし
『迷《まよい》』は捉《とら》われの相《すがた》にして苦患《くげん》多《おお》し。
『実在《じつざい》』は真理《しんり》、
『迷《まよい》』は仮相《かりのすがた》、
実在《じつざい》は五官《ごかん》を超越《ちょうえつ》し
第六感《だいろっかん》さえも超越《ちょうえつ》して

人々《ひとびと》の感覚《かんかく》に映《えい》ずることなし。

人《にん》間《げん》

吾《われ》は『真理《しんり》』なり、
『真理《しんり》』より遣《つか》わされたる天使《てんのつかい》なり。
『真理《しんり》』より照《て》りかがやく『光《ひかり》』なり、

迷《まよい》を照破《しょうは》する『光《ひかり》』なり。
吾《われ》は『道《みち》』なり、
吾《わ》が言葉《ことば》を行《おこな》うものは道《みち》にそむかず。
吾《われ》は生命《いのち》なり、
吾《われ》に汲《く》む者《もの》は病《や》まず死《し》せず。
吾《われ》は救《すくい》なり、
吾《われ》に頼《たの》む者《もの》はことごとくこれを摂取《せっしゅ》して実相《じっそう》の

国土《こくど》に住《じゅう》せしむ。
天使《てんのつかい》かくの如《ごと》く説《と》き給《たま》えば
天《てん》の童子《どうじ》また重《かさ》ねて問《と》う。
『師《し》よ、人間《にんげん》の本質《ほんしつ》を明《あきら》かになし給《たま》え。』
天使《てんのつかい》答《こた》えたまわく――
人間《にんげん》は物質《ぶっしつ》に非《あら》ず、
肉体《にくたい》に非《あら》ず、

脳髄細胞《のうずいさいほう》に非《あら》ず、
神経細胞《しんけいさいほう》に非《あら》ず、
血球《けっきゅう》に非《あら》ず、
血清《けっせい》に非《あら》ず、
筋肉細胞《きんにくさいほう》に非《あら》ず。
それらすべてを組《く》み合《あわ》せたるものにも非《あら》ず。
汝《なんじ》ら、よく人間《にんげん》の実相《じっそう》を悟《さと》るべし、

人間《にんげん》は霊《れい》なり、
生命《せいめい》なり、
不死《ふし》なり。
神《かみ》は人間《にんげん》の光源《ひかりのみなもと》にして
人間《にんげん》は神《かみ》より出《い》でたる光《ひかり》なり。
光《ひかり》の無《な》き光源《こうげん》はなく、
光源《こうげん》の無《な》き光《ひかり》はなし。

光《ひかり》と光源《こうげん》とは一体《いったい》なるが如《ごと》く
人間《にんげん》と神《かみ》とは一体《いったい》なり。
神《かみ》は霊《れい》なるが故《ゆえ》に
人間《にんげん》も亦霊《またれい》なるなり。
神《かみ》は愛《あい》なるが故《ゆえ》に
人間《にんげん》も亦愛《またあい》なるなり。
神《かみ》は智慧《ちえ》なるが故《ゆえ》に

人間《にんげん》も亦《また》智慧《ちえ》なるなり。
霊《れい》は物質《ぶっしつ》の性《せい》に非《あら》ず、
愛《あい》は物質《ぶっしつ》の性《せい》に非《あら》ず、
智慧《ちえ》は物質《ぶっしつ》の性《せい》に非《あら》ず、

されば、
霊《れい》なる愛《あい》なる智慧《ちえ》なる人間《にんげん》は、
物質《ぶっしつ》に何《なん》ら関《かか》わるところなし。

まことの人間《にんげん》は、
霊《れい》なるが故《ゆえ》に、
愛《あい》なるが故《ゆえ》に、
智慧《ちえ》なるが故《ゆえ》に、
生命《せいめい》なるが故《ゆえ》に、
罪《つみ》を犯《おか》すこと能《あた》わず、
病《やまい》にかかること能《あた》わず、

死滅《しめつ》すること能《あた》わず、
罪《つみ》も、
病《やまい》も、
死《し》も、
畢竟《ひっきょう》汝《なんじ》らの悪夢《あくむ》に過《す》ぎず。
汝《なんじ》ら生命《せいめい》の実相《じっそう》を自覚《じかく》せよ。
汝《なんじ》らの実相《じっそう》たる『真性《しんせい》の人間《にんげん》』を自覚《じかく》せよ。

『真性《しんせい》の人間《にんげん》』は神人《しんじん》にして
神《かみ》そのままの姿《すがた》なり。
滅《ほろ》ぶるものは『真性《しんせい》の人間《にんげん》』に非《あら》ず。
罪《つみ》を犯《おか》すものは『真性《しんせい》の人間《にんげん》』に非《あら》ず。
病《やまい》に罹《かか》るものは『真性《しんせい》の人間《にんげん》』にあらず。
地上《ちじょう》の人間《にんげん》よ、
われ汝《なんじ》らに告《つ》ぐ、

汝《なんじ》ら自身《じしん》の本性《ほんせい》を自覚《じかく》せよ。
汝《なんじ》ら自身《じしん》は『真性《しんせい》の人間《にんげん》』にして、
そのほかの如何《いか》なるものにも非《あら》ず。
されば人間《にんげん》は真理《しんり》の眼《め》より見《み》る時《とき》は
罪《つみ》を犯《おか》す事能《ことあた》わざるものなり、
病《やまい》に罹《かか》る事能《ことあた》わざるものなり、
滅《ほろ》ぶること能《あた》わざるものなり。

誰《たれ》か云《い》う『罪人《つみびと》よ、罪人《つみびと》よ』と。
神《かみ》は罪人《つみびと》を造《つく》り給《たま》わざるが故《ゆえ》に
この世《よ》に一人《ひとり》の罪人《つみびと》もあらず。
罪《つみ》は神《かみ》の子《こ》の本性《ほんせい》に反《はん》す、
病《やまい》は生命其自身《せいめいそれじしん》の本性《ほんせい》に反《はん》す、
死《し》は生命其自身《せいめいそれじしん》の本性《ほんせい》に反《はん》す、
罪《つみ》と病《やまい》と死《し》とは、

畢竟《ひっきょう》存在《そんざい》せざるものを夢中《むちゅう》に描《えが》ける妄想《まよいのかげ》に過《す》ぎず。
実相《じっそう》の世界《せかい》に於《お》ては
神《かみ》と人《ひと》とは一体《いったい》なり、
神《かみ》は光源《こうげん》にして
人間《にんげん》は神《かみ》より出《い》でたる光《ひかり》なり。

罪《つみ》と病《やまい》と死《し》とが

実在《じつざい》すると云《い》う悪夢《あくむ》を、
人間《にんげん》に見《み》せしむる根本妄想《こんぽんもうぞう》は、
古《ふる》くは、
人間《にんげん》は塵《ちり》にて造《つく》られたりと云《い》う神学《しんがく》なり。
近《ちか》くは、
人間《にんげん》は物質《ぶっしつ》にて造《つく》られたりと云《い》う近代科学《きんだいかがく》なり。
これらは人間《にんげん》を罪《つみ》と病《やまい》と死《し》との妄想《もうぞう》に導《みちび》く最初《さいしょ》

の夢《ゆめ》なり。
この最初《さいしょ》の夢《ゆめ》を摧破《さいは》するときは
罪《つみ》と病《やまい》と死《し》との
根本原因《こんぽんげんいん》は摧破《さいは》せられて
その本来《ほんらい》の無《む》に帰《き》するなり。
汝《なんじ》ら『生長《せいちょう》の家《いえ》』を読《よ》んで真理《しんり》を知《し》り病《やまい》の癒《い》ゆるは
この最初《さいしょ》の夢《ゆめ》の摧破《さいは》せらるるが故《ゆえ》なり。

最初《さいしょ》の夢無《ゆめな》ければ
次《つぎ》の夢《ゆめ》なし。
悉《ことごと》く夢《ゆめ》なければ本来人間《ほんらいにんげん》清浄《しょうじょう》なるが故《ゆえ》に
罪《つみ》を犯《おか》さんと欲《ほっ》するも
罪《つみ》を犯《おか》すこと能《あた》わず、
悉《ことごと》く夢《ゆめ》なければ自性無病《じしょうむびょう》なるが故《ゆえ》に
病《やまい》に罹《かか》らんと欲《ほっ》するも

病《やまい》に罹《かか》ること能《あた》わず、
悉《ことごと》く夢《ゆめ》なければ本来《ほんらい》永《かぎりなき》生《いのち》なるが故《ゆえ》に死滅《しめつ》すること能《あた》わず。

されば地上《ちじょう》の人間《にんげん》よ
心《こころ》を尽《つく》して自己《じこ》の霊《れい》なる本体《ほんたい》を求《もと》めよ、
これを夢《ゆめ》と妄想《もうぞう》との産物《さんぶつ》なる物質《ぶっしつ》と肉体《にくたい》とに求《もと》むること勿《なか》れ。

キリストは

『神《かみ》の国《くに》は汝《なんじ》らの内《うち》にあり』と云《い》い給《たま》えり。

誠《まこと》に誠《まこと》にわれ汝《なんじ》らに告《つ》げん。

『汝《なんじ》らの内《うち》』とは汝《なんじ》ら『人間《にんげん》の自性《じしょう》』なり、『真《しん》の人《にん》間《げん》』なり。

『汝《なんじ》らの内《うち》』即《すなわ》ち『自性《じしょう》』は神人《しんじん》なるが故《ゆえ》に

『汝《なんじ》らの内《うち》』にのみ神《かみ》の国《くに》はあるなり。

外《そと》にこれを追《お》い求《もと》むる者《もの》は夢《ゆめ》を追《お》いて走《はし》る者《もの》にして
永遠《えいえん》に神《かみ》の国《くに》を得《う》る事能《ことあた》わず。
物質《ぶっしつ》に神《かみ》の国《くに》を追《お》い求《もと》むる者《もの》は
夢《ゆめ》を追《お》うて走《はし》る者《もの》にして
永遠《えいえん》に神《かみ》の国《くに》を建《た》つる事能《ことあた》わず。
キリストは又云《またい》い給《たま》えり、
『吾《わ》が国《くに》は此《こ》の世《よ》の国《くに》にあらず』と。

此《こ》の世《よ》の国《くに》は唯影《ただかげ》にすぎざるなり。
常楽《じょうらく》の国土《こくど》は内《うち》にのみあり、
内《うち》に常楽《じょうらく》の国土《こくど》を自覚《じかく》してのみ
外《そと》に常楽《じょうらく》の国土《こくど》は其《そ》の映《うつ》しとして顕現《けんげん》せん。
内《うち》に無限健康《むげんけんこう》の生命《せいめい》を自覚《じかく》してのみ
外《そと》に肉体《にくたい》の無限健康《むげんけんこう》は其《そ》の映《うつ》しとして顕現《けんげん》せん。

人間《にんげん》の五官《ごかん》はただ『映《うつ》しの世界《せかい》』を見《み》るに過《す》ぎず。
『映《うつ》しの世界《せかい》』を浄《きよ》めんと欲《ほっ》すれば心《こころ》の原版《げんばん》を浄《きよ》めて迷《まよい》の汚点《おてん》を除《のぞ》かざるべからず。
われ誠《まこと》に物質《ぶっしつ》の世界《せかい》の虚《むな》しきを見《み》たり、物質《ぶっしつ》の世界《せかい》が影《かげ》に過《す》ぎざることを見《み》たり。
われはまた人間《にんげん》が神《かみ》より放射《ほうしゃ》されたる光《ひかり》なる事《こと》を見《み》たり。

肉体《にくたい》はただ心《こころ》の影《かげ》なる事実《じじつ》を見《み》たり。
汝《なんじ》ら、物質《ぶっしつ》は移《うつ》りかわる影《かげ》にすぎざること
恰《あたか》も走馬灯《そうまとう》に走《はし》る馬《うま》の如《ごと》し。
されば、影《かげ》を見《み》て実在《じつざい》となすことなかれ。
人間真性《にんげんそのもの》はこれ神人《しんじん》、
永遠不壊不滅《えいえんふえふめつ》の霊体《れいたい》にして
物質《ぶっしつ》をもって造《つく》り固《かた》めたる機械《きかい》にあらず、

また物質《ぶっしつ》が先《ま》ず存《そん》してそれに霊《れい》が宿《やど》りたるもの
にもあらず、
斯《か》くの如《ごと》き二元論《にげんろん》は悉《ことごと》く誤《あやま》れり。
物質《ぶっしつ》は却《かえ》ってこれ霊《れい》の影《かげ》、心《こころ》の産物《さんぶつ》なること、
恰《あたか》も繭《まゆ》が先《ま》ず存在《そんざい》して蚕《かいこ》がその中《なか》に宿《やど》るには非《あら》
ずして、
蚕《かいこ》が先《ま》ず糸《いと》を吐《は》きて繭《まゆ》を作《つく》り

繭《まゆ》の中《なか》にみずから蚕《かいこ》が宿《やど》るが如《ごと》し。
人間《にんげん》の真性《しんせい》は先《ま》ず霊《れい》なる生命《せいめい》にして
心《こころ》の糸《いと》を組《く》み合《あわ》せて肉体《にくたい》の繭《まゆ》を造《つく》り
その繭《まゆ》の中《なか》にわれとわが霊《れい》を宿《やど》らせて、
はじめて霊《ことば》は肉体《にくたい》となるなり。
汝《なんじ》ら明《あきら》かに知《し》れ、繭《まゆ》は蚕《かいこ》に非《あら》ず、
然《しか》らば肉体《にくたい》は人間《にんげん》に非《あら》ずして、

人間《にんげん》の繭《まゆ》に過《す》ぎざるなり。
時来《ときき》たらば蚕《かいこ》が繭《まゆ》を食《く》い破《やぶ》って羽化登仙《うかとうせん》するが如《ごと》く、
人間《にんげん》もまた肉体《にくたい》の繭《まゆ》を食《く》い破《やぶ》って霊界《れいかい》に昇天《しょうてん》せん。
汝《なんじ》ら決《けっ》して肉体《にくたい》の死滅《しめつ》をもって人間《にんげん》の死《し》となす勿《なか》れ。
人間《にんげん》は生命《せいめい》なるが故《ゆえ》に
常《つね》に死《し》を知《し》らず。
想念《こころ》に従《したが》い

時《とき》に従《したが》い
必要《ひつよう》に従《したが》いて
肉体《にくたい》と境遇《きょうぐう》とに様々《さまざま》の状態《じょうたい》を顕《あらわ》せども、
生命《せいめい》そのものは病《や》むに非《あら》ず、
生命《せいめい》そのものは死《し》するに非《あら》ず、
想念《こころ》を変《か》うることによって
よく汝《なんじ》らの健康《けんこう》と境遇《きょうぐう》とを変《か》うること自在《じざい》なり。

されど汝《なんじ》ら、
ついに生命《せいめい》は肉体《にくたい》の繭《まゆ》を必要《ひつよう》とせざる時到《ときいた》らん。
かくの如《ごと》きとき、
生命《せいめい》は肉体《にくたい》の繭《まゆ》を食《く》い破《やぶ》って
一層《いっそう》自在《じざい》の境地《きょうち》に天翔《あまかけ》らん。
これをもって人間《にんげん》の死《し》となすなかれ。
人間《にんげん》の本体《ほんたい》は生命《せいめい》なるが故《ゆえ》に

常《つね》に死《し》することあらざるなり。

――かく天使《てんのつかい》語《かた》り給《たま》うとき、
虚空《こくう》には微妙《みみょう》の天楽《てんがく》の声《こえ》聞《きこ》え
葩《はなびら》は何処《いずこ》よりともなく雨《あめ》ふりて、
天《てん》の使《つかい》の説《と》き給《たま》える真理《しんり》をば
さながら称《たた》うるものの如《ごと》くなりき。

（聖経《せいきょう》終《おわり》）

※『甘露《かんろ》の法雨《ほうう》』には、「神《かみ》」「霊《れい》」「物質《ぶっしつ》」「実在《じつざい》」「智慧《ちえ》」「無明《まよい》」「罪《つみ》」「人間《にんげん》」の八《やっ》つの項《こう》があります。（参照《さんしょう》：聖経《せいきょう》四部経《しぶきょう》）すばらしい真理《しんり》のことばを、できれば全部《ぜんぶ》読《よ》めるようになりましょう。

大切《たいせつ》な三《みっ》つのお祈《いの》り

神《かみ》の子《こ》無限力《むげんりょく》をよびだすお祈《いの》り

わが魂《たましい》の底《そこ》の底《そこ》なる神《かみ》よ
無限《むげん》の力《ちから》湧《わ》き出《い》でよ

※谷口雅春先生《たにぐちまさはるせんせい》は、このお祈《いの》りを「最《もっと》も簡単《かんたん》にして本質的《ほんしつてき》な神想観《しんそうかん》」とよばれ、いつでも、どこでも唱《とな》えるようすすめられました。

喜《よろこ》びがわいてくるお祈《いの》り

わたしは神《かみ》の子《こ》 光《ひかり》の子《こ》
何《なん》でもできます強《つよ》い子《こ》 よい子《こ》
いつもニコニコ 明《あか》るく元気《げんき》
お父《とう》さん ありがとうございます
お母《かあ》さん ありがとうございます

使命《しめい》をもって生《い》きるお祈《いの》り

わたしは神《かみ》の子《こ》です
あなたも神《かみ》の子《こ》です
使命《しめい》をもって生《う》まれてきました
日本《にっぽん》と世界《せかい》のお役《やく》に立《た》ちます

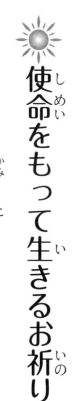

一日《いちにち》の神《かみ》の子《こ》のお祈《いの》り

朝《あさ》起《お》きたときのお祈《いの》り

神様《かみさま》、ありがとうございます。お父《とう》さん、お母《かあ》さん、ありがとうございます。家族《かぞく》のみなさん、ありがとうございます。元気《げんき》に朝《あさ》を迎《むか》えることができました。今日《きょう》も神様《かみさま》にまもられて、すばらしい一日《いちにち》になります。

（こう唱《とな》えてから、次《つぎ》のことばを二十回《にじっかい》唱《とな》えます）

「わたしは神《かみ》の子《こ》、完全円満《かんぜんえんまん》、これから毎日《まいにち》あらゆる点《てん》で一《いっ》層《そう》よくなる」

食事《しょくじ》のお祈《いの》り

神様《かみさま》、ありがとうございます。このお食事《しょくじ》は、お父《とう》さん、お母《かあ》さん、そして多《おお》くの人《ひと》のまごころを通《とお》して、神様《かみさま》からあたえられた愛《あい》の結晶《けっしょう》であります。これをおいしく食《た》べて、いっそう神《かみ》の子《こ》らしく、力《ちから》いっぱい生活《せいかつ》していきます。すべての人《ひと》に、物《もの》に、事《こと》に、心《こころ》から感謝《かんしゃ》いたします。ありがとうございます。

（合掌《がっしょう》して）いただきます。

授業《じゅぎょう》が始《はじ》まる前《まえ》のお祈《いの》り

神様《かみさま》、ありがとうございます。わたしは神《かみ》の子《こ》だから、無限《むげん》の力《ちから》がやどっています。わたしは神《かみ》の子《こ》だから、勉強《べんきょう》が大好《だいす》きです。わたしは神《かみ》の子《こ》だから、先生《せんせい》の教《おし》えがよくわかります。わたしは神《かみ》の子《こ》だから、先生《せんせい》の教《おし》えてくださることを一言《ひとこと》も聞《き》きもらしません。わたしは神《かみ》の子《こ》だから、成績《せいせき》はかならずよくなります。ありがとうございます。

家《いえ》で勉強《べんきょう》するときのお祈《いの》り

神様《かみさま》、ありがとうございます。神様《かみさま》は無限《むげん》の知恵《ちえ》です。わたしは神《かみ》の子《こ》として神様《かみさま》から無限《むげん》の知恵《ちえ》をあたえられていいます。だからわたしは一度《いちど》勉強《べんきょう》したことを、けっして忘《わす》れることはありません。わたしは神《かみ》の子《こ》だから、勉強《べんきょう》が大好《だいす》きです。わたしは勉強《べんきょう》が楽《たの》しくて、どんな問題《もんだい》でも解《と》くことができます。ありがとうございます。

夜《よる》寝《ね》る前《まえ》のお祈《いの》り

神様《かみさま》、ありがとうございます。今日《きょう》も神様《かみさま》の愛《あい》につつまれて、すばらしい一日《いちにち》でした。明日《あす》もまた神様《かみさま》にまもられ、家族《かぞく》みんなが幸《しあわ》せな日《ひ》となりますことを感謝《かんしゃ》いたします。神様《かみさま》、ありがとうございます。お父《とう》さん、お母《かあ》さん、ありがとうございます。家族《かぞく》のみなさん、ありがとうございます。学校《がっこう》の先生《せんせい》、お友《とも》だち、みなさん、ありがとうございます。

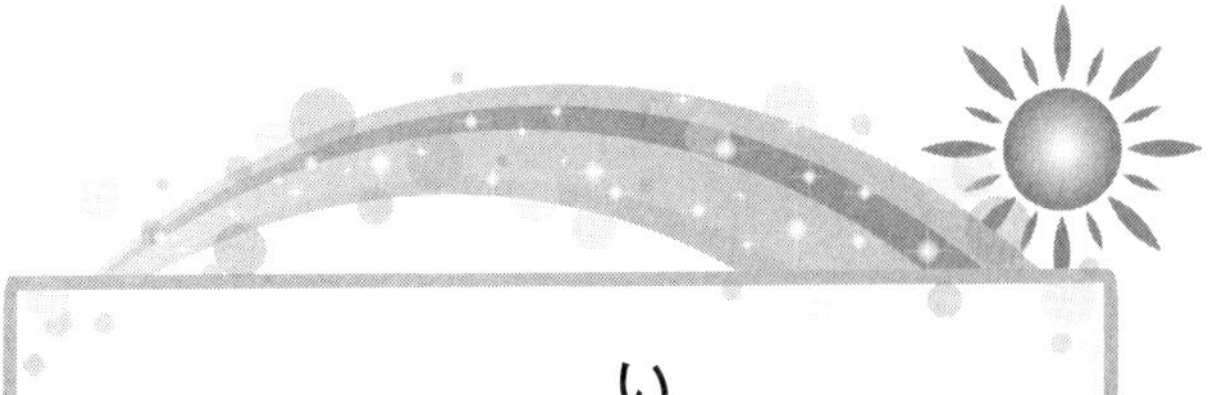

一週間《いっしゅうかん》の神《かみ》の子《こ》のお祈《いの》り

月曜日《げつようび》　毎日《まいにち》が楽《たの》しくなるお祈《いの》り

神様《かみさま》、わたしは神《かみ》の子《こ》です。光《ひかり》の子《こ》です。常《つね》に明《あか》るいよい心《こころ》を持《も》っています。だからわたしのまわりにはよいことばかりがやってきます。楽《たの》しいこと、うれしいことばかりがやってきます。神様《かみさま》は無限《むげん》の愛《あい》ですから、わたしはすべての人《ひと》を愛《あい》しています。だからわたしもすべての人《ひと》から愛《あい》されるのです。ありがとうございます。

火曜日《かようび》　成績《せいせき》がよくなるお祈《いの》り

神様《かみさま》、わたしは神《かみ》の子《こ》です。神様《かみさま》はわたしに何《なん》でもできる〝無限力《むげんりょく》〟を授《さず》けてくださいました。だからわたしはけっして「できない」ということは言《い》いません。神《かみ》の子《こ》無限《むげん》力《りょく》ですから、どんな教科《きょうか》でもスポーツでもできるようになります。神様《かみさま》の力《ちから》があらわれて、必《かなら》ず成績《せいせき》がよくなります。ありがとうございます。

水曜日《すいようび》　劣等感《れっとうかん》をなくすお祈《いの》り

神様《かみさま》、わたしは神《かみ》の子《こ》です。わたしでなければならない尊《とうと》い天分《てんぶん》をもって生《う》まれてきました。わたしはわたしが大好《だいす》きです。だからわたしは、人《ひと》と比《くら》べて落《お》ちこむことも悲《かな》しむこともありません。わたしはいつも自信《じしん》をもって、みんなとのびのびすごすことができます。ありがとうございます。

木曜日《もくようび》　勇気《ゆうき》がわきでるお祈《いの》り

神様《かみさま》、わたしは神《かみ》の子《こ》です。「神様《かみさま》、神様《かみさま》、神様《かみさま》。」このように心《こころ》に唱《とな》えれば、どれだけでも勇気《ゆうき》がわいてきます。わたしは神様《かみさま》のいのちに生《い》かされ、常《つね》に神様《かみさま》とともにいますから、なにごとにも力強《ちからづよ》く積極的《せっきょくてき》に前進《ぜんしん》します。わたしは勇《ゆう》気《き》そのものです。ありがとうございます。

金曜日《きんようび》　人《ひと》に深切《しんせつ》をするお祈《いの》り

神様《かみさま》、わたしは神《かみ》の子《こ》です。すべての人《ひと》はみんな神様《かみさま》の兄弟姉妹《きょうだいしまい》です。神様《かみさま》は無限《むげん》の愛《あい》ですから、人《ひと》に深切《しんせつ》することが神様《かみさま》の御心《みこころ》にかなうことです。だからわたしはすべての人《ひと》を愛《あい》し、人《ひと》が喜《よろこ》ぶことを進《すす》んでやり、誰《だれ》にたいしても深《しん》切《せつ》をつくします。ありがとうございます。

※深切《しんせつ》とは、心《こころ》の奥底《おくそこ》から真心《まごころ》をつくすという意味《いみ》です。

土曜日《どようび》　夢《ゆめ》や希望《きぼう》がかなうお祈《いの》り

神様《かみさま》、わたしは神《かみ》の子《こ》です。神様《かみさま》は無限《むげん》の力《ちから》であり無限《むげん》の知恵《ちえ》ですから、どんな希望《きぼう》でも必《かなら》ずかなえてくださいます。わたしはこんな夢《ゆめ》や希《き》望《ぼう》をもっています。（その内容《ないよう》を心《こころ》の中《なか》で唱《とな》えます。）

わたしは神《かみ》の子《こ》ですから、いつも神様《かみさま》とともにいます。わたしが希望《きぼう》することは、神様《かみさま》が希望《きぼう》されていることなのです。神様《かみさま》に導《みちび》かれ、わたしの夢《ゆめ》はすでにかなえられました。ありがとうございます。

日曜日《にちようび》

お父《とう》さん・お母《かあ》さんに感謝《かんしゃ》するお祈《いの》り

神様《かみさま》、わたしは神《かみ》の子《こ》です。お父《とう》さんも神《かみ》の子《こ》でよいお父《とう》さんです。お母《かあ》さんも神《かみ》の子《こ》でよいお母《かあ》さんです。お祖父《じい》さんも神《かみ》の子《こ》でよいお祖父《じい》さんです。お祖母《ばあ》さんも神《かみ》の子《こ》でよいお祖母《ばあ》さんです。［お兄《にい》さん、お姉《ねえ》さん、弟《おとうと》、妹《いもうと》］も神《かみ》の子《こ》でよい［お兄《にい》さん、お姉《ねえ》さん、弟《おとうと》、妹《いもうと》］です。みんなすばらしい神《かみ》の子《こ》です。わたしは、お父《とう》さん、お母《かあ》さん、家族《かぞく》のみんなを選《えら》んで生《う》まれてきました。わたしは家族《かぞく》みんなが大好《だいす》きです。ありがとうございます。

※家族《かぞく》にいる人《ひと》を入《い》れてお祈《いの》りします。

すこやかに伸《の》びる
神《かみ》の子《こ》のお祈《いの》り

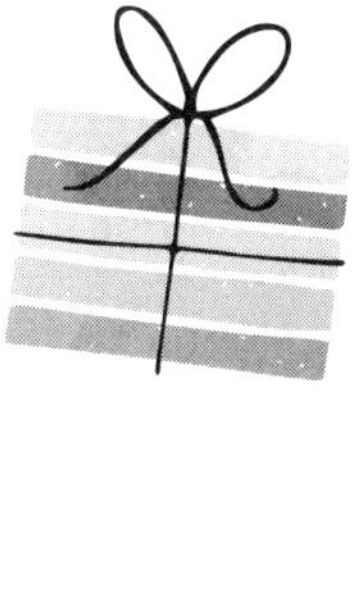

先生《せんせい》に感謝《かんしゃ》するお祈《いの》り

わたしは神《かみ》の子《こ》です。わたしは先生《せんせい》を尊敬《そんけい》しています。先生《せんせい》は、わたしを正《ただ》しく導《みちび》いてくださる神様《かみさま》の御使《みつか》いです。だからわたしは先生《せんせい》の話《はなし》をよく聞《き》きます。先生《せんせい》はわたしのことが大好《だいす》きです。わたしも先生《せんせい》が大好《だいす》きです。先生《せんせい》、ありがとうございます。

友《とも》だちと仲《なか》よくなるお祈《いの》り

わたしは神《かみ》の子《こ》です。○○さんも神《かみ》の子《こ》です。みんな神様《かみさま》から生《う》まれた兄弟姉妹《きょうだいしまい》です。だからわたしはみんなと仲《なか》よくできます。わたしは○○さんが大好《だいす》きです。○○さんもわたしを大好《だいす》きです。こんなすばらしい友《とも》だちにめぐまれて、わたしは幸《しあわ》せいっぱいです。ありがとうございます。

※○○に友《とも》だちの名前《なまえ》を入《い》れてお祈《いの》りします。

スポーツがよくできるお祈《いの》り

わたしは神《かみ》の子《こ》です。神様《かみさま》から無限《むげん》の力《ちから》をあたえられていま
す。その力《ちから》は出《だ》せば出《だ》すほどいっそう出《で》てきて、どれだけで
も上手《じょうず》になります。試合《しあい》や本番《ほんばん》のときも緊張《きんちょう》することなく、
思《おも》いっきり無限力《むげんりょく》を出《だ》すことができます。ありがとうござ
います。

健康《けんこう》になるお祈《いの》り

わたしは神《かみ》の子《こ》です。神様《かみさま》は完全《かんぜん》で健康《けんこう》そのものです。その神様《かみさま》の生命《いのち》がわたしの生命《いのち》となっていますから、わたしは健《けん》康《こう》そのものです。神様《かみさま》はいつもわたしをまもっていてくださいます。わたしの全身《ぜんしん》は神様《かみさま》の生命《いのち》で清《きよ》められ、毎日《まいにち》いっそう健康《けんこう》になります。ありがとうございます。

悩《なや》みが解決《かいけつ》するお祈《いの》り

わたしは神《かみ》の子《こ》です。神様《かみさま》はわたしの光《ひかり》です。神様《かみさま》は常《つね》にわたしを愛《あい》してくださっています。だからわたしの悩《なや》みはすべて解決《かいけつ》し、わたしは幸福《こうふく》になります。神様《かみさま》はいつも、わたしの天分《てんぶん》にかなった道《みち》にお導《みちび》きくださいます。ありがとうございます。

日本《にっぽん》に生《う》まれたことを喜《よろこ》ぶお祈《いの》り

日本《にっぽん》の国《くに》は神《かみ》の国《くに》です。天照大御神様《あまてらすおおみかみさま》がおつくりになった国《くに》です。世界《せかい》を太陽《たいよう》のように明《あか》るく照《て》らす使命《しめい》をもっています。その中心《ちゅうしん》にいらっしゃるのが天皇陛下《てんのうへいか》です。日本《にっぽん》は、世界《せかい》でもっとも古《ふる》くて長《なが》い歴史《れきし》をもった国《くに》です。この国《くに》に生《う》まれさせていただいたことに感謝《かんしゃ》いたします。

天皇陛下《てんのうへいか》、ありがとうございます。

※祝祭日《しゅくさいじつ》にはお祈《いの》りしましょう。

お祈《いの》りのときの正《ただ》しい姿勢《しせい》

合掌《がっしょう》

掌《てのひら》はピッタリくっつけず、指《ゆび》を曲《ま》げずに軽《かる》く合《あ》わせる。
両腕《りょううで》を開《ひら》く角度《かくど》はおよそ60度《ど》くらい。
合《あ》わせた両手《りょうて》の手首《てくび》と、左《ひだり》ひじ、右《みぎ》ひじが正三角形《せいさんかくけい》になるように開《ひら》く。

足《あし》の組《く》み方《かた》

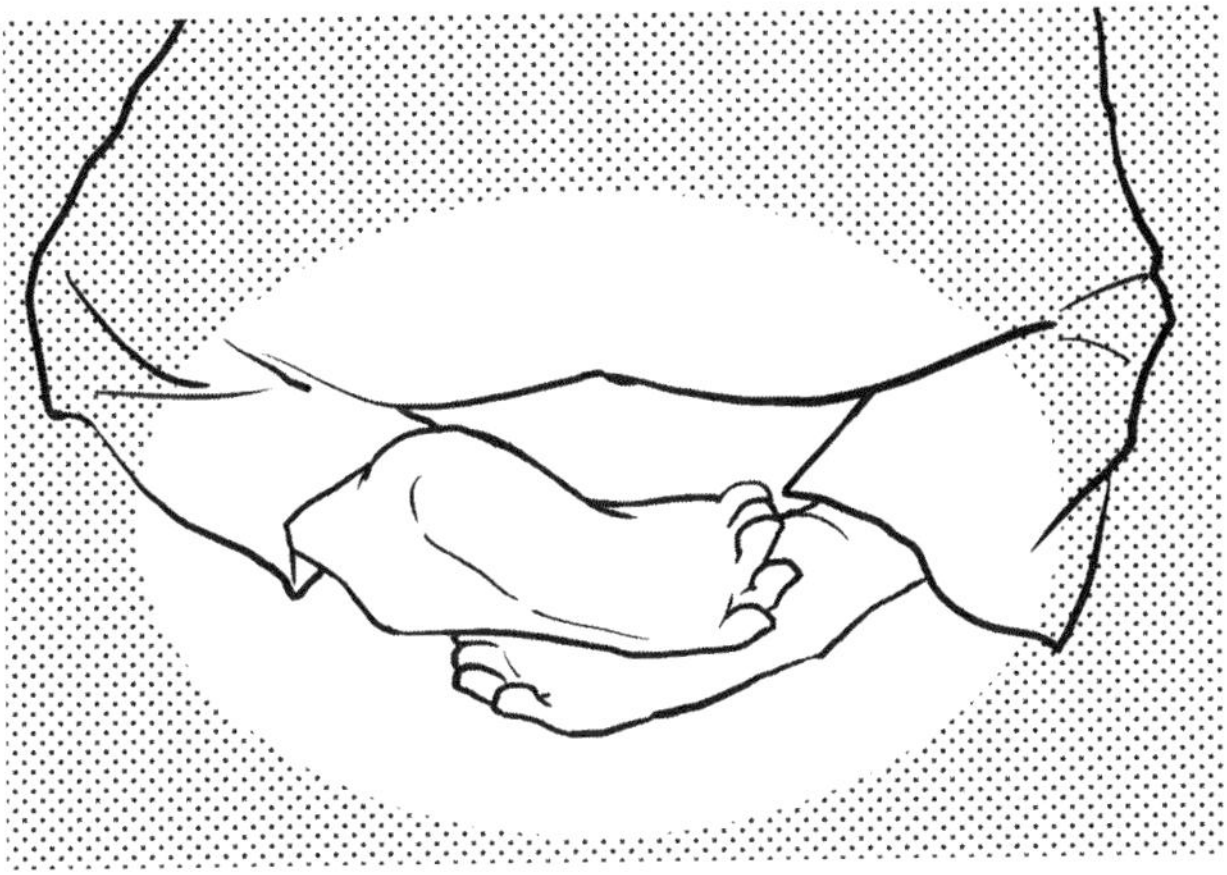

左足《ひだりあし》を右足《みぎあし》の上《うえ》にかさねる。

右足《みぎあし》の親指《おやゆび》が、左足《ひだりあし》の外《そと》クルブシのところに、左足《ひだりあし》の親指《おやゆび》が、右足《みぎあし》の内《うち》クルブシとカカトの間《あいだ》の引《ひ》っ込《こ》んだところにくるように重《かさ》ねる。

正坐《せいざ》でおこなう場合《ばあい》

できるだけ顔《かお》に近《ちか》づけて合掌《がっしょう》する。

中指《なかゆび》が額《ひたい》の真《ま》ん中《なか》にくるように。

脇《わき》の下《した》に握《にぎ》りこぶしが１つ入《はい》るくらいにゆったりと。

男性《だんせい》は、両膝《りょうひざ》の間《あいだ》に握《にぎ》りこぶしが４つくらい入《はい》るように開《ひら》く。

女性《じょせい》は、両膝《りょうひざ》の間《あいだ》に握《にぎ》りこぶしが１つか２つ入《はい》るくらいに開《ひら》く。

イスでおこなう場合《ばあい》

浅《あさ》めにすわり、背《せ》もたれに寄《よ》りかからない。

両足《りょうあし》のつま先《さき》をくっつけて、つま先《さき》が体《からだ》の中心《ちゅうしん》の真下《ました》にくるように引《ひ》く。

男性《だんせい》は、両膝《りょうひざ》を肩幅《かたはば》くらいに開《ひら》く。
女性《じょせい》は、握《にぎ》りこぶしが１つか２つ入《はい》るくらいに開《ひら》く。ただし短《みじか》いスカートの場合《ばあい》はもっとくっつけてよい。

谷口雅春先生《たにぐちまさはるせんせい》のご紹介《しょうかい》

明治《めいじ》26年《ねん》(1893年)11月《がつ》22日《にち》、兵庫県神戸市《ひょうごけんこうべし》にお生《う》まれになる。大正元年《たいしょうがんねん》(1912年)、早《わ》稲田大学文学部英文科《せだだいがくぶんがくぶえいぶんか》に進《すす》まれる。大正《たいしょう》3年《ねん》に中退《ちゅうたい》された後《のち》、真《しん》の神様《かみさま》を求《もと》める生活《せいかつ》をつづけられ、ついに「人間《にんげん》・神《かみ》の子《こ》、現象《げんしょう》無《な》し」の啓示《けいじ》を受《う》けられる。昭和《しょうわ》5年《ねん》(1930年)、月刊《げっかん》誌《し》『生長《せいちょう》の家《いえ》』を創刊《そうかん》されると、「唯神実相《ゆいしんじっそう》」の教《おし》えにより病気《びょうき》や人生苦《じんせいく》に悩《なや》む多《おお》くの人《ひと》たちに奇蹟《きせき》をもたらし、人類光明化運動《じんるいこうみょうかうんどう》へと発《はっ》展《てん》する。教《おし》えは日本《にっぽん》はもとより全世界《ぜんせかい》に広《ひろ》まり、著書《ちょしょ》は500冊以上《さついじょう》にのぼり、『生命《せいめい》の實相《じっそう》』はこれまで1900万部《まんぶ》を超《こ》え、今《いま》なお多《おお》くの人々《ひとびと》を救《すく》い続《つづ》けている。昭和《しょうわ》60年《ねん》(1985年)6月《がつ》17日《にち》、満《まん》91歳《さい》で昇天《しょうてん》される。

谷口雅春先生のおしえ

親と子の祈り

初版発行　令和3年11月25日

編著者　宗教法人
生長の家創始者谷口雅春先生を学ぶ会

発行者　白水春人

発行所　株式会社 光明思想社
〒103-0004
東京都中央区東日本橋2-27-9
初音森ビル10F
Tel. 03-5829-6581
Fax 03-5829-6582
郵便振替 00120-6-503028

装幀　株式会社オフィスエム

本文組版　メディア・コパン

印刷・製本　モリモト印刷株式会社

ISBN978-4-86700-021-2